AF201172

Impressum
Verlag: BABADADA GmbH, Nedderfeld 112 , 22529 Hamburg
Geschäftsführer / Verlagsleitung: Harald Hof
Druck: Books on Demand GmbH, In de Tarpen 42, 22848 Norderstedt

Imprint
Publisher: BABADADA GmbH, Nedderfeld 112 , 22529 Hamburg, Germany
Managing Director / Publishing direction: Harald Hof
Print: Books on Demand GmbH, In de Tarpen 42, 22848 Norderstedt

escuela
school

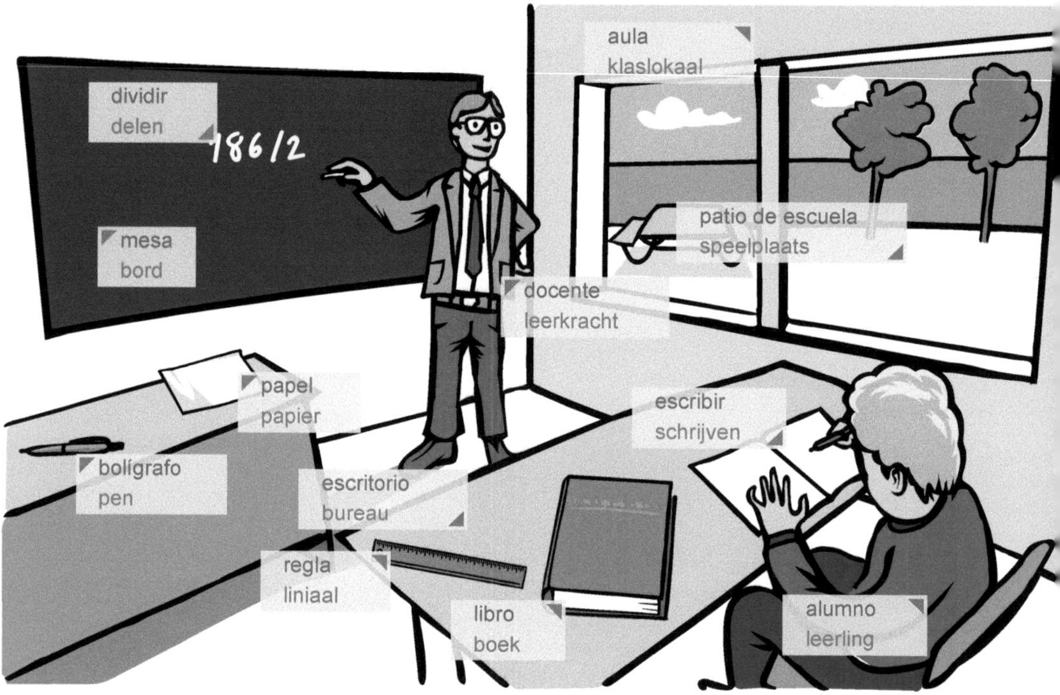
aula
klaslokaal
dividir
delen
186/2
mesa
bord
patio de escuela
speelplaats
docente
leerkracht
papel
papier
escribir
schrijven
bolígrafo
pen
escritorio
bureau
regla
liniaal
libro
boek
alumno
leerling

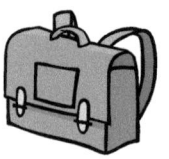

mochila escolar

schooltas

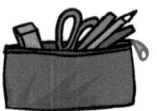

caja de lápices

pennenzak

lápiz

potlood

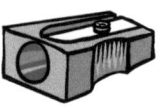

sacapuntas

puntenslijper

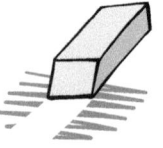

goma de borrar

gom

bloc de dibujo

tekenblok

dibujo

tekening

pincel

verfborstel

caja de pinturas

verfdoos

tijera

schaar

pegamento

lijm

libro de ejercicios

werkboek

tarea

huiswerk

número

nummer

sumar

optellen

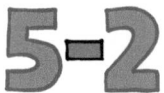

restar

aftrekken

multiplicar

vermenigvuldigen

calcular

rekenen

letra

letter

alfabeto

alfabet

palabra

woord

texto
tekst

leer
Lezen

tiza
krijt

lección
les

libro de clase
klassenboek

examen
examen

certificado
certificaat

uniforme escolar
schooluniform

educación
onderwijs

enciclopedia
encyclopedie

universidad
universiteit

microscopio
microscoop

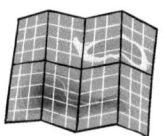

mapa
kaart

cesto de papeles
papiermand

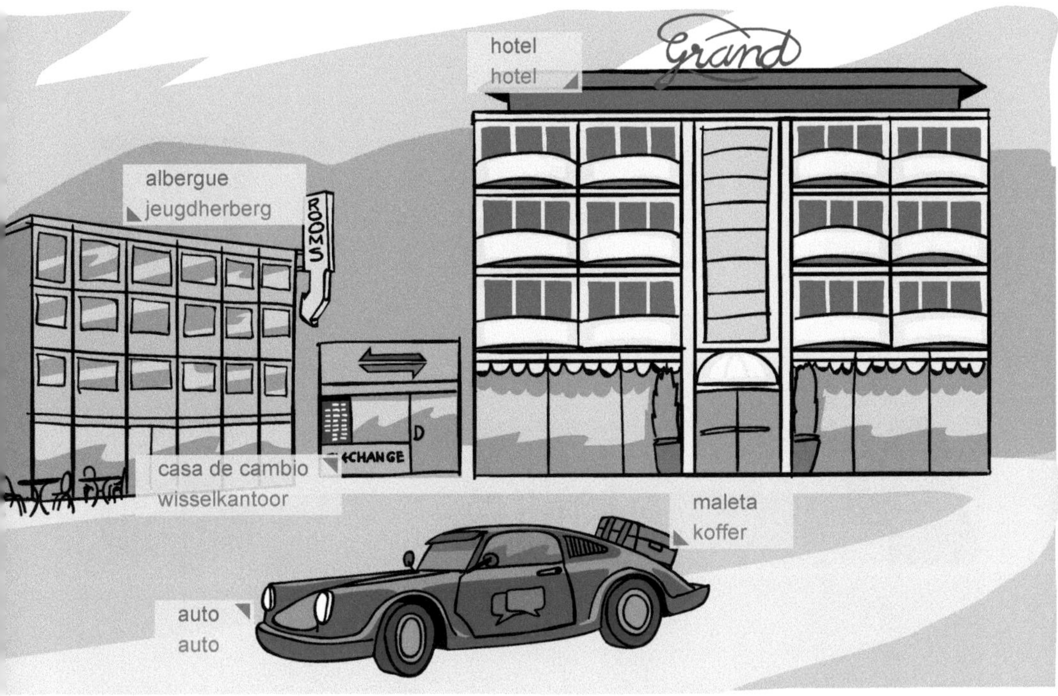

hotel
hotel
Grand
albergue
jeugdherberg
ROOMS
casa de cambio
wisselkantoor
CHANGE
maleta
koffer
auto
auto

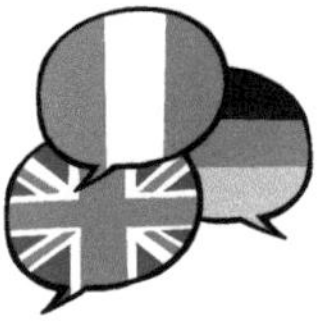

idioma

Taal

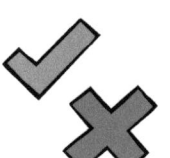

sí / no

ja / nee

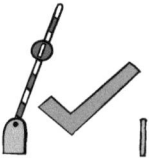

ok

oké

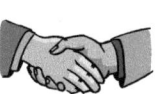

hola

hallo

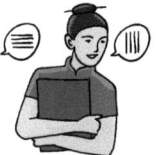

intérprete

vertaler

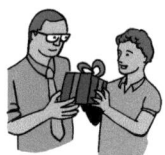

gracias

bedankt

¿Cuánto cuesta…?

Hoeveel kost …?

No entiendo

Ik begrijp het niet

problema

probleem

¡Buenas tardes!

Goedenavond!

¡Buenos días!

Goedemorgen!

¡Buenas noches!

Goedenavond!

adiós

Tot ziens

dirección

richting

equipaje

bagage

bolso

zak

mochila

rugzak

invitado

gast

cuarto

kamer

saco de dormir

slaapzak

tienda de campaña

tent

información al turista

toeristeninformatie

playa

strand

tarjeta de crédito

kredietkaart

desayuno

ontbijt

almuerzo

lunch

cena

avondeten

pasaje

ticket

ascensor

lift

sello

postzegel

límite

grens

aduana

douane

embajada

ambassade

visa

visum

pasaporte

paspoort

transporte
transport

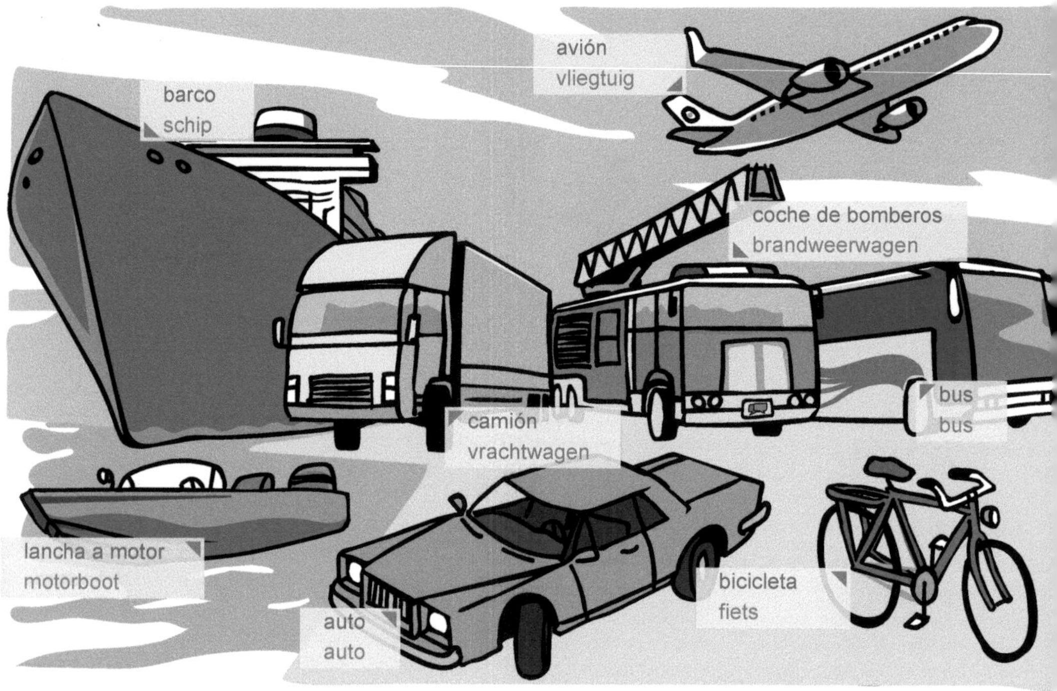
avión
vliegtuig
barco
schip
coche de bomberos
brandweerwagen
bus
bus
camión
vrachtwagen
lancha a motor
motorboot
bicicleta
fiets
auto
auto

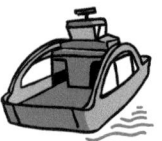

balsa

veerboot

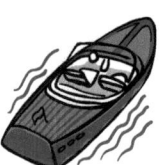

lancha

boot

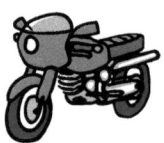

motocicleta

motor

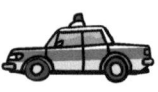

auto de policía

politiewagen

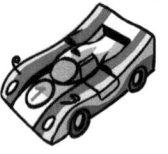

auto de carreras

racewagen

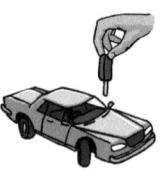

auto de alquiler

huurauto

alquiler de autos
carpoolen

grúa
sleepwagen

vehículo recolector de basura
vuilniswagen

motor
motor

gasolina
benzine

gasolinera
benzinestation

señal de tráfico
verkeersbord

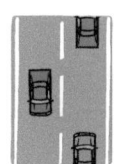

tránsito
verkeer

atasco
file

estacionamiento
parkeerplaats

estación de tren
station

carril
sporen

tren
trein

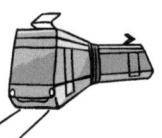

tranvía
tram

vagón
wagon

helicóptero

helikopter

aeropuerto

luchthaven

torre

toren

pasajero

passagier

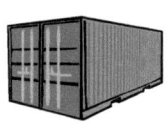

contenedor

container

caja de cartón

karton

carro

kar

cesta

mand

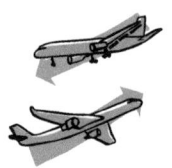

despegar / aterrizar

opstijgen / landen

ciudad

stad

aldea

dorp

centro de la ciudad

stadscentrum

casa

huis

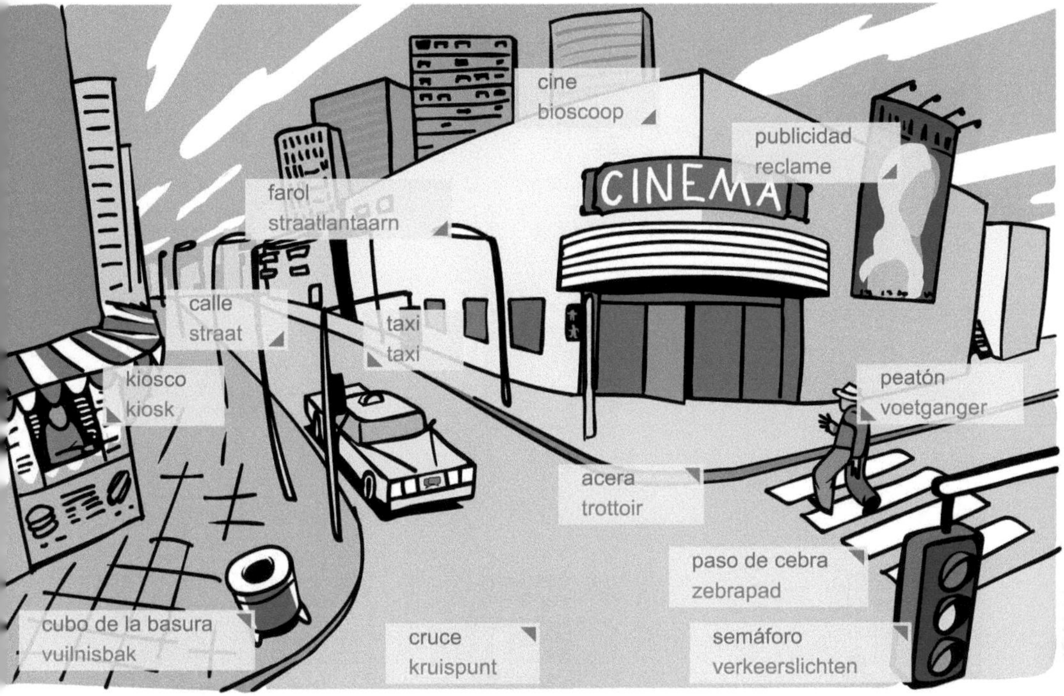

cine
bioscoop

publicidad
reclame

farol
straatlantaarn

CINEMA

calle
straat

taxi
taxi

kiosco
kiosk

peatón
voetganger

acera
trottoir

paso de cebra
zebrapad

cubo de la basura
vuilnisbak

cruce
kruispunt

semáforo
verkeerslichten

cabaña

hut

apartamento

woning

estación de tren

station

ayuntamiento

stadshuis

museo

museum

escuela

school

universidad

universiteit

banco

bank

hospital

ziekenhuis

hotel

hotel

farmacia

apotheek

oficina

kantoor

librería

boekwinkel

negocio

winkel

florería

bloemenwinkel

supermercado

supermarkt

mercado

markt

grandes almacenes

warenhuis

pescadería

vishandelaar

centro comercial

winkelcentrum

puerto

haven

parque
park

banco
bank

puente
brug

escalera
trap

metro
metro

túnel
tunnel

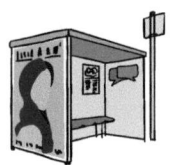

parada de autobuses
bushalte

bar
bar

restaurante
restaurant

buzón de correo
brievenbus

letrero
straatnaambord

parquímetro
parkeermeter

zoológico
zoo

piscina
zwembad

mezquita
moskee

granja
boerderij

polución
milieuverontreiniging

cementerio
kerkhof

iglesia
kerk

parque infantil
speelplaats

templo
tempel

paisaje
landschap

hoja
blad

indicador de camino
wegwijzer

sendero
weg

pradera
weide

piedra
steen

árbol
boom

caminante
wandelaar

río
rivier

pasto
gras

flor
bloem

valle
vallei

montaña
heuvel

lago
meer

bosque
bos

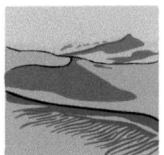

desierto
woestijn

volcán
vulkaan

castillo
kasteel

arco iris
regenboog

seta
paddenstoel

palmera
palmboom

mosquito
mug

mosca
vlieg

hormiga
mier

abeja
bijl

araña
spin

escarabajo

kever

rana

kikker

ardilla

eekhoorn

erizo

egel

liebre

haas

lechuza

uil

pájaro

vogel

cisne

zwaan

jabalí

wild zwijn

ciervo

hert

alce

eland

embalse

dam

aerogenerador

windturbine

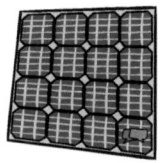

módulo solar

zonnepaneel

clima

klimaat

restaurante

restaurant

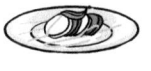

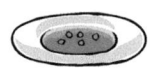

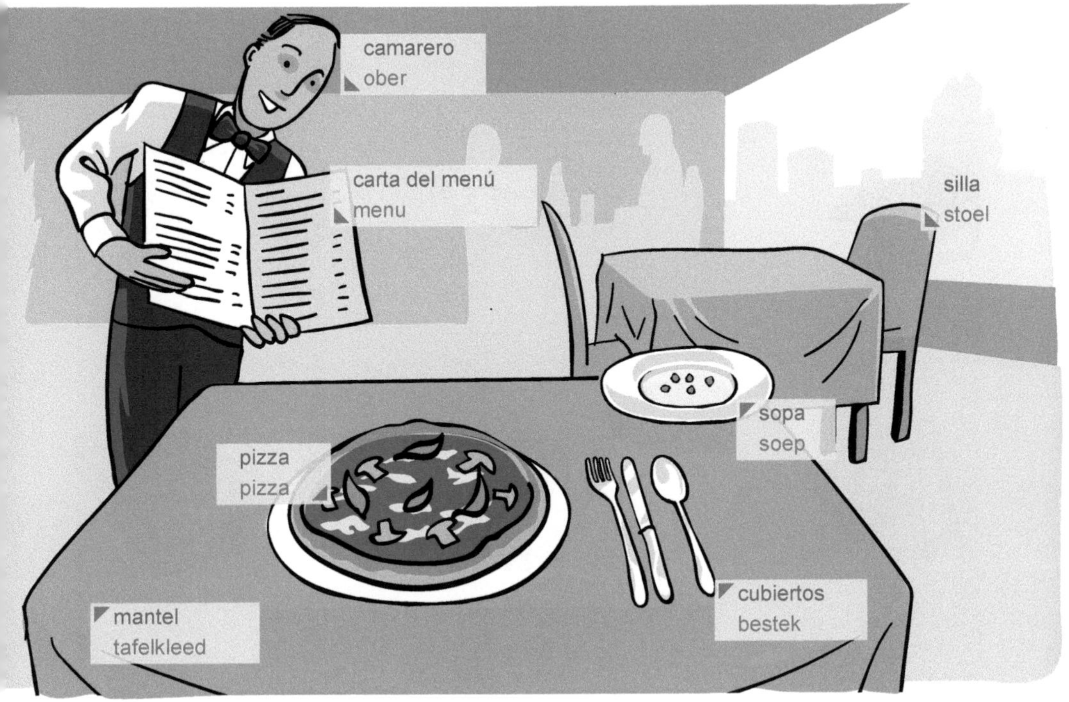

camarero
ober
carta del menú
menu
silla
stoel
sopa
soep
pizza
pizza
cubiertos
bestek
mantel
tafelkleed

entrada
voorgerecht

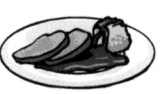

plato principal
hoofdgerecht

postre
nagerecht

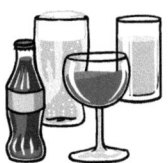

bebida
drankjes

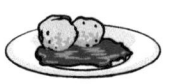

comida
eten

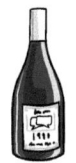

botella
fles

comida rápida
fastfood

comida callejera
street food

tetera
theepot

azucarera
suikerpot

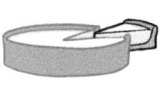

porción
portie

máquina de espresso
espressomachine

silla alta
kinderstoel

factura
rekening

bandeja
dienblad

cuchillo
mes

tenedor
vork

cuchara
lepel

cuchara de té
theelepel

servilleta
serviette

vaso
glas

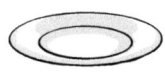

plato
bord

plato de sopa
soepbord

platillo
schoteltje

salsa
saus

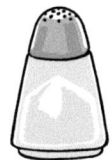

salero
zoutvatje

molinillo para pimienta
pepermolen

vinagre
azijn

aceite
olie

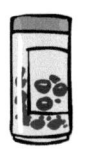

especias
kruiden

ketchup
ketchup

mostaza
mosterd

mayonesa
mayonaise

supermercado
supermarkt

oferta
aanbieding
cliente
klant
productos lácteos
zuivelproducten
fruta
fruit
carrito de compras
winkelwagen
FOR

BUTCHERS

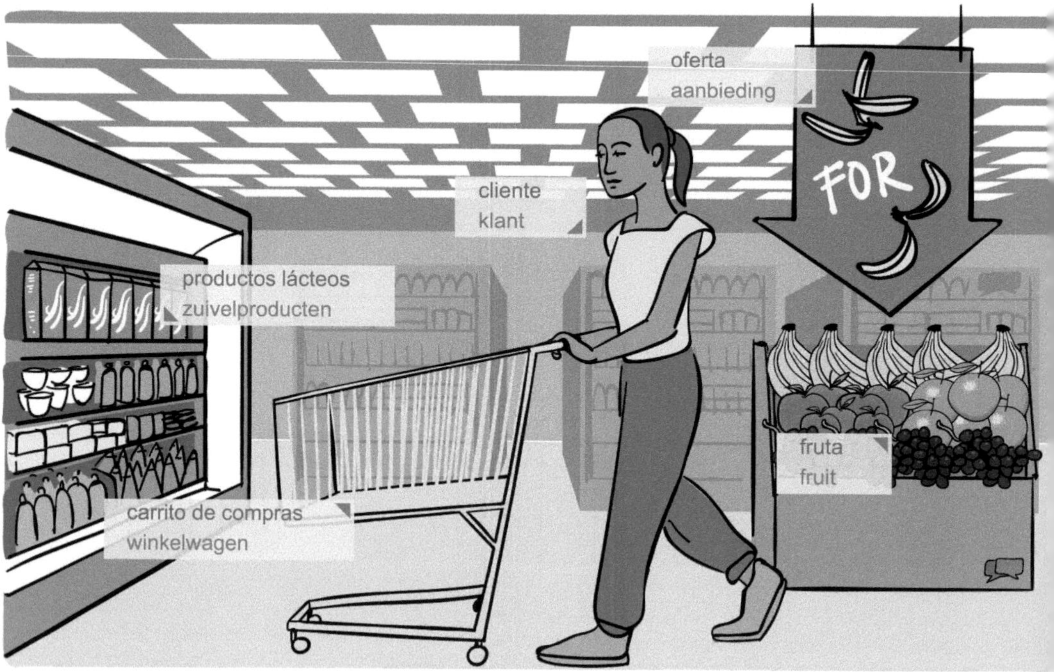

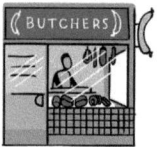

carnicería

slagerij

BAKERY

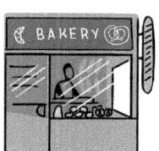

panadería

bakkerij

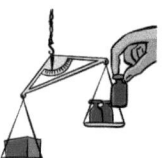

pesar

wegen

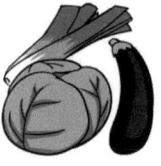

verdura

groenten

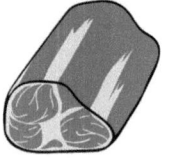

carne

vlees

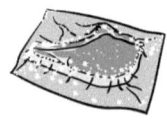

alimentos congelados

diepvriesvoedsel

fiambre
charcuterie

conservas
conserven

detergente en polvo
waspoeder

dulces
snoep

artículos domésticos
huishoudproducten

productos de limpieza
schoonmaakproducten

vendedora
verkoopster

caja
kassa

cajero
kassier

lista de compras
boodschappenlijstje

horario de atención
openingstijden

cartera
portefeuille

tarjeta de crédito
kredietkaart

maleta
tas

bolsa plástica
plastieken zakje

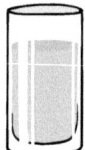

agua

water

jugo

sap

leche

melk

refresco de cola

cola

vino

wijn

cerveza

bier

alcohol

alcohol

cacao

cacao

té

thee

café

koffie

espresso

espresso

cappuccino

cappuccino

banana

banaan

manzana

appel

naranja

sinaasappel

sandía

meloen

limón

citroen

zanahoria

wortel

ajo

knoflook

bambú

bamboe

cebolla

ajuin

seta

champignon

nueces

noten

fideos

noodles

espagueti

spaghetti

arroz

rijst

ensalada

salade

patatas fritas

frieten

patatas salteadas

gebakken aardappelen

pizza

pizza

hamburguesa

hamburger

sándwich

sandwich

escalope

kalfslapje

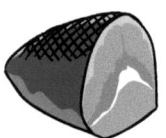

jamón

ham

salame

salami

embutido

worst

pollo

kip

asado

braden

pescado

vis

copos de avena

havervlokken

musli

muesli

copos de maíz tostado

cornflakes

harina

bloem

croissant

croissant

panecillo

pistolet

pan

brood

tostada

toast

galletas

koekjes

mantequilla

boter

cuajada

kwark

pastel

taart

huevo

ei

huevo frito

spiegelei

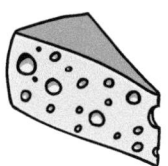

queso

kaas

helado

ijs

azúcar

suiker

miel

honing

mermelada

confituur

praliné

choco

curry

curry

granja
boerderij

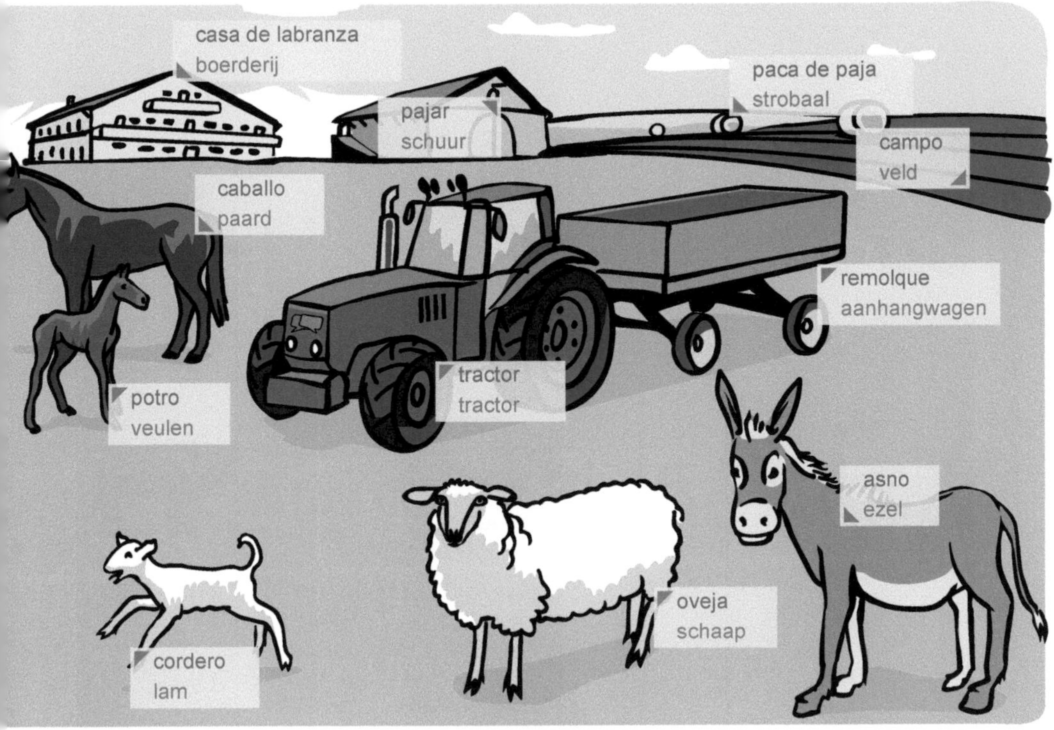

casa de labranza
boerderij
pajar
schuur
paca de paja
strobaal
campo
veld
caballo
paard
remolque
aanhangwagen
tractor
tractor
potro
veulen
asno
ezel
oveja
schaap
cordero
lam

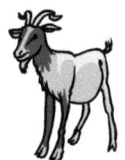

cabra

geit

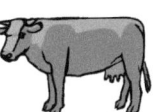

vaca

koe

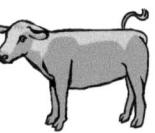

ternero

kalf

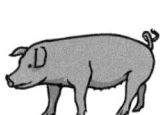

cerdo

varken

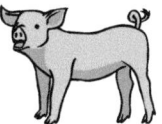

lechón

biggetje

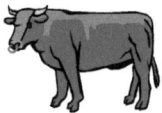

toro

stier

ganso

gans

pato

eend

polluelo

kuiken

pollo

kip

gallo

haan

rata

rat

gato

kat

ratón

muis

buey

os

perro

hond

caseta del perro

hondenhok

manguera de riego

tuinslang

regadera

gieter

guadaña

zeis

arado

ploeg

hoz
sikkel

azada
schoffel

bieldo
hooivork

hacha
bijl

carretilla
kruiwagen

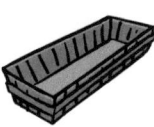

abrevadero
trog

lechera
melkkan

saco
zak

cerca
hek

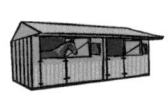

establo
stal

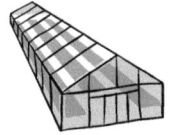

invernadero
broeikas

suelo
bodem

semilla
zaad

fertilizante
mest

cosechadora
maaidorser

cosechar

oogsten

cosecha

oogst

raíz de ñame

yam

trigo

tarwe

soja

soja

patata

aardappel

maíz

maïs

colza

koolzaad

Árbol frutal

fruitboom

mandioca

maniok

cereales

graan

casa

huis

chimenea
schoorsteen
techo
dak
canalón
regenpijp
ventana
raam
timbre
deurbel
garaje
garage
puerta
deur
cubo de la basura
vuilnisbak
buzón de correo
brievenbus
jardín
tuin

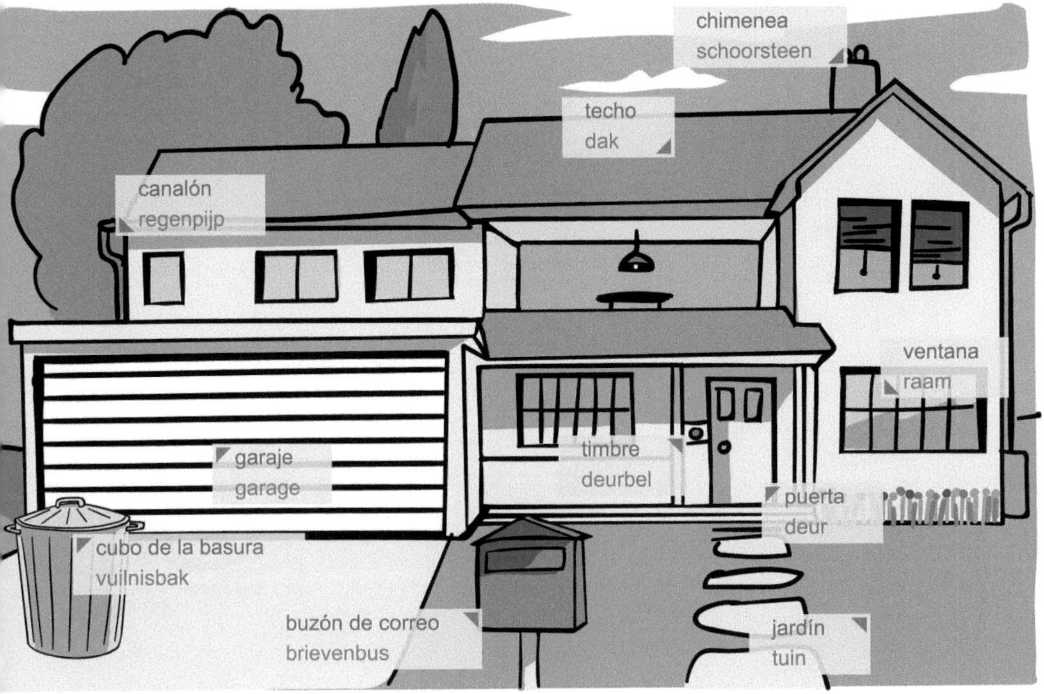

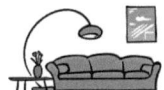

cuarto de estar

woonkamer

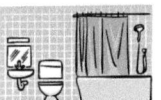

cuarto de baño

badkamer

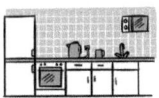

cocina

keuken

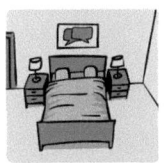

dormitorio

slaapkamer

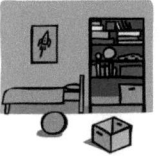

cuarto de los niños

kinderkamer

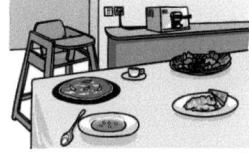

comedor

eetkamer

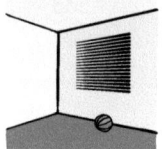

piso

vloer

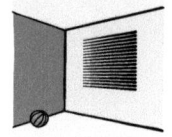

pared

muur

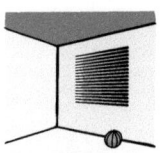

cielorraso

plafond

sótano

kelder

sauna

sauna

balcón

balkon

terraza

terras

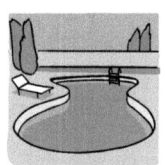

piscina

zwembad

cortacésped

grasmaaier

funda nórdica

dekbedovertrek

edredón

dekbed

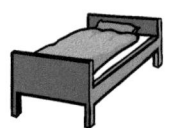

cama

bed

escoba

bezem

cubo

emmer

interruptor

schakelaar

cuarto de estar
woonkamer

papel para empapelar
behangpapier
imagen
foto
lámpara
lamp
estante
schap
gabinete
kast
televisor
televisie
hogar
open haard
flor
bloem
cojín
kussen
sofá
sofa
florero
vaas
control remoto
afstandsbediening

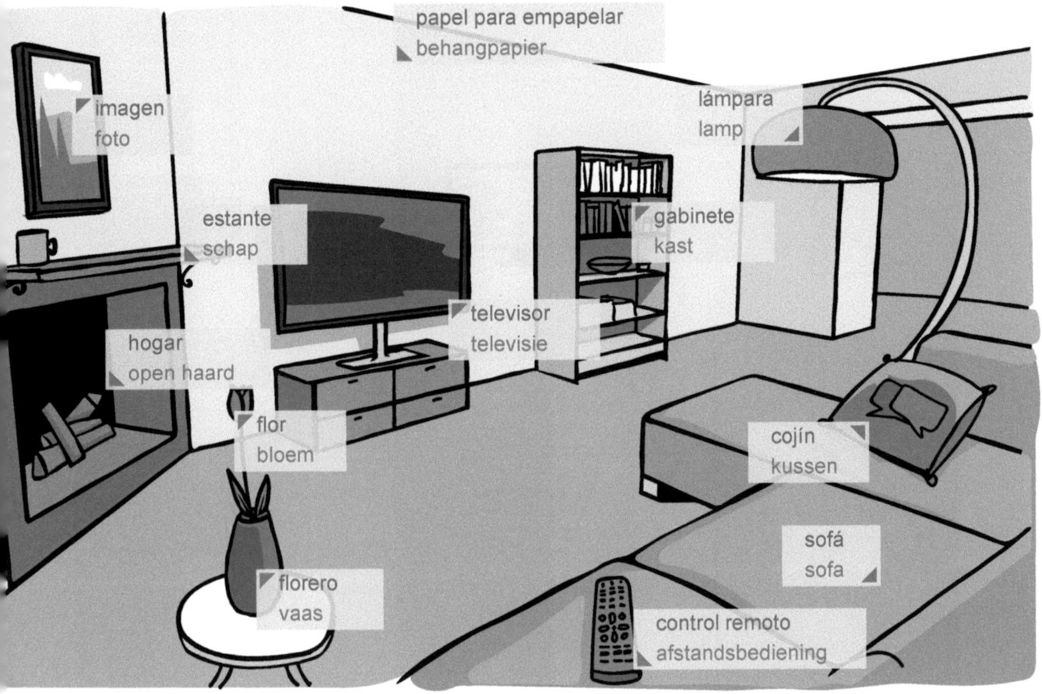

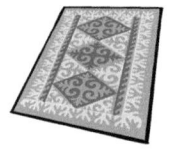

alfombra

mat

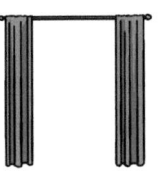

cortina

gordijn

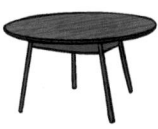

mesa

tafel

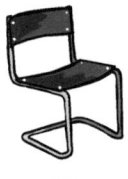

silla

stoel

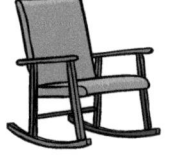

mecedora

schommelstoel

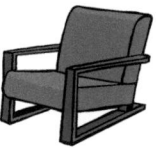

sillón

fauteuil

libro

boek

frazada

deken

decoración

decoratie

leña

brandhout

film

film

equipo estereofónico

stereo-installatie

llave

sleutel

periódico

krant

cuadro

schilderij

póster

poster

radio

radio

bloc de notas

notitieboekje

aspiradora

stofzuiger

cactus

cactus

vela

kaars

cocina
keuken

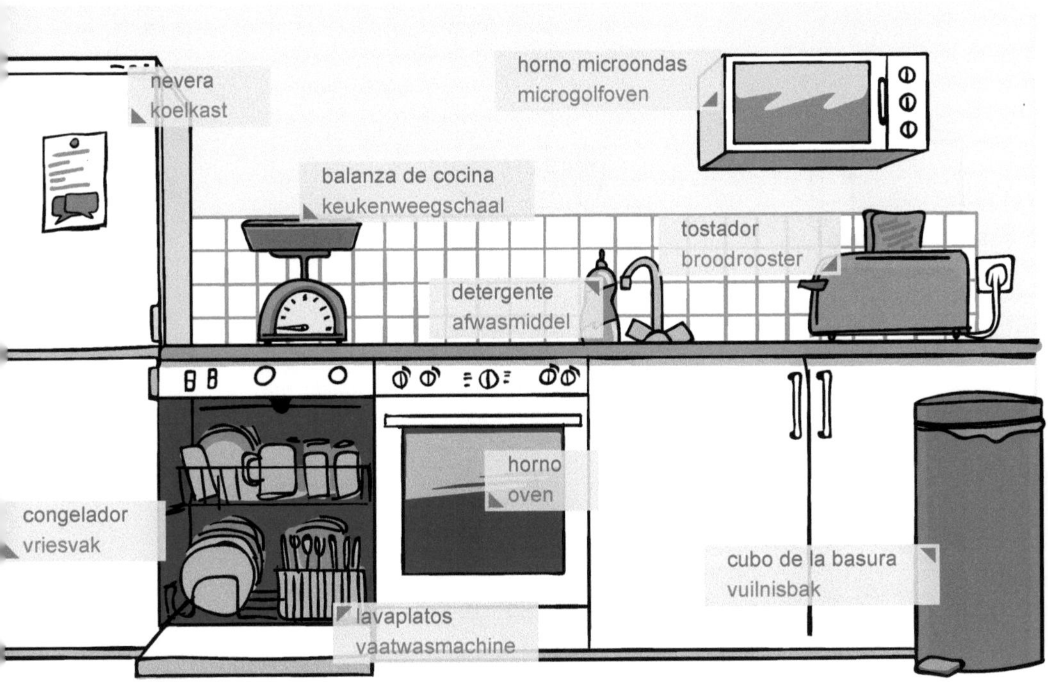

nevera
koelkast
horno microondas
microgolfoven
balanza de cocina
keukenweegschaal
tostador
broodrooster
detergente
afwasmiddel
horno
oven
congelador
vriesvak
cubo de la basura
vuilnisbak
lavaplatos
vaatwasmachine

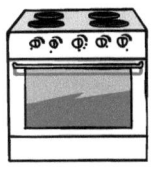

cocina
fornuis

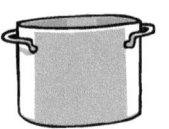

olla
pot

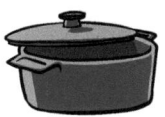

olla de fundición de hierro
gietijzeren pot

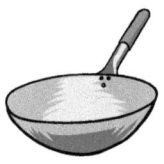

wok / kadai
wok / kadai

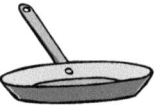

sartén
pan

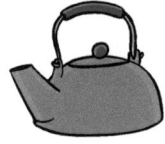

hervidor de agua
waterkoker

olla de vapor

stoomkoker

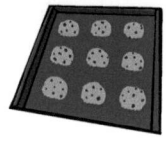

bandeja de horno

bakplaat

vajilla

servies

vaso

mok

bol

kom

palillos para comer

eetstokjes

cucharón de sopa

pollepel

espátula

spatel

batidor

garde

colador

vergiet

cedazo

zeef

rallador

rasp

mortero

mortier

parrillada

barbecue

fogata

haardvuur

tabla de picar

snijplank

rodillo

deegrol

sacacorchos

kurkentrekker

lata

blik

abrelatas

blikopener

agarrador

pannenlap

fregadero

gootsteen

cepillo

borstel

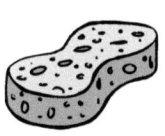

esponja

spons

batidora

blender

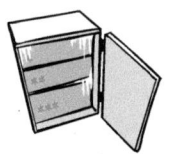

arcón congelador

vriezer

biberón

papfles

grifo

kraan

cuarto de baño
badkamer

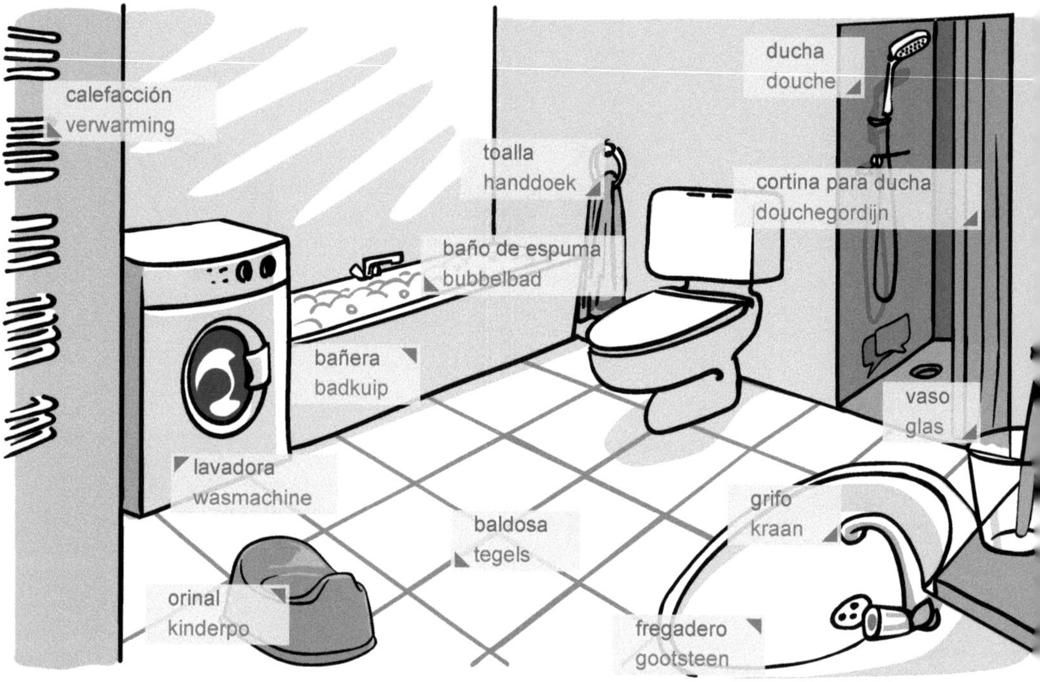

ducha
douche
calefacción
verwarming
toalla
handdoek
cortina para ducha
douchegordijn
baño de espuma
bubbelbad
bañera
badkuip
vaso
glas
lavadora
wasmachine
grifo
kraan
baldosa
tegels
orinal
kinderpo
fregadero
gootsteen

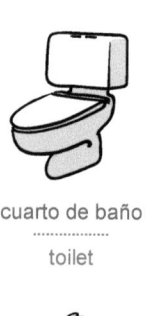

cuarto de baño

toilet

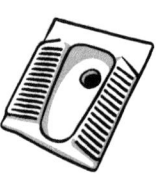

placa turca

hurktoilet

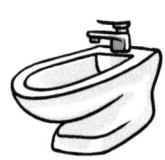

bidé

bidet

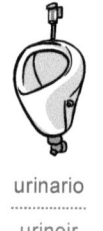

urinario

urinoir

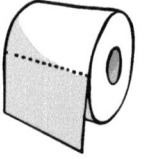

papel higiénico

toiletpapier

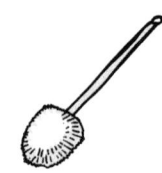

escobilla para el cuarto de baño

toiletborstel

cepillo de dientes

tandenborstel

pasta dentífrica

tandpasta

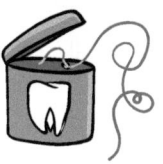

seda dental

flosdraad

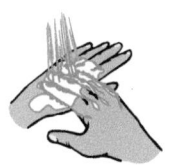

lavar

wassen

ducha teléfono

handdouche

ducha higiénica

bidethanddouche

cuenco

waskom

cepillo para la espalda

rugborstel

jabón

zeep

gel de ducha

douchegel

champú

shampoo

manopla para baño

washandje

desagüe

afvoer

crema

crème

desodorante

deodorant

espejo

spiegel

espejo de maquillaje

handspiegel

máquina de afeitar

scheermes

espuma de afeitar

scheerschuim

loción para después del afeitado

aftershave

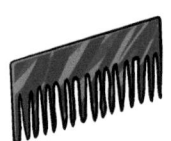

peine

kam

cepillo

borstel

secador para cabello

haardroger

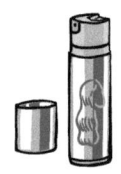

laca de peinado

haarlak

maquillaje

make-up

lápiz labial

lippenstift

laca para uñas

nagellak

algodón

watten

tijera para uñas

nagelknipper

perfume

parfum

neceser
toilettas

taburete
kruk

balanza
weegschaal

bata de baño
badjas

guantes de goma
latex handschoenen

tampón
tampon

compresa
maandverband

wáter químico
chemisch toilet

cuarto de los niños
kinderkamer

despertador
wekker
animal de peluche
knuffel
auto de juguete
speelgoedauto
sonajero
rammelaar
casa de muñecas
poppenhuis
obsequio
geschenk

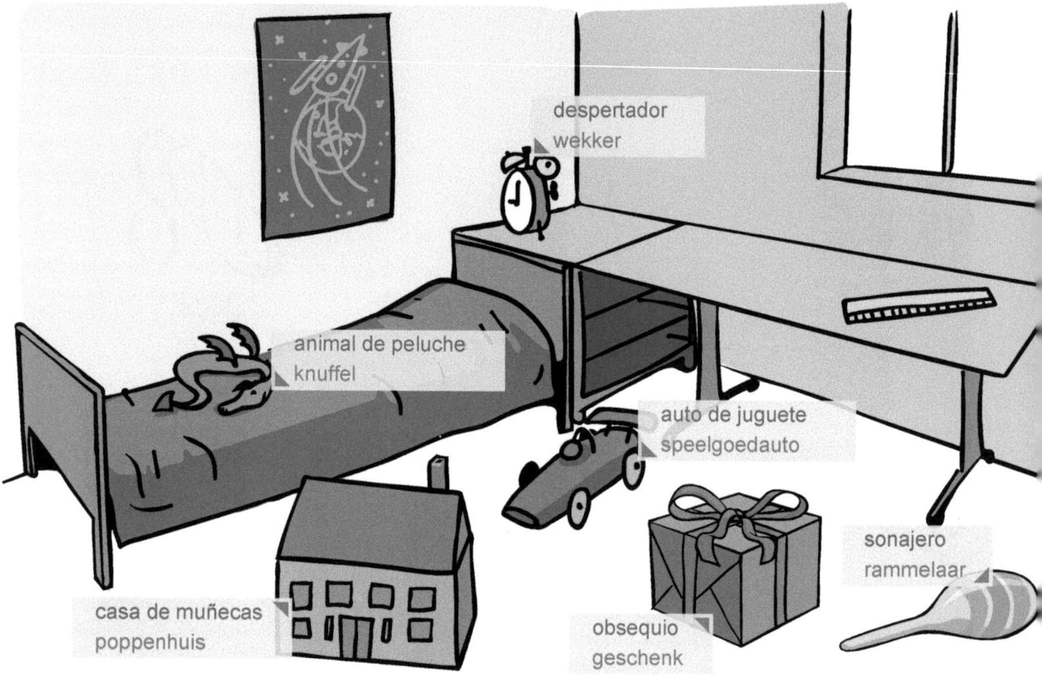

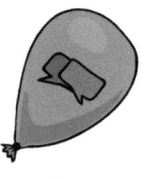

globo
ballon

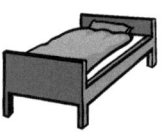

cama
bed

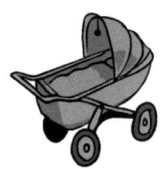

cochecito para niños
kinderwagen

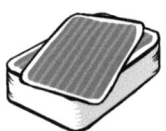

juego de barajas
spel kaarten

rompecabezas
puzzel

SUPER MEGA

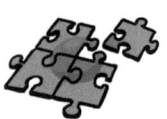

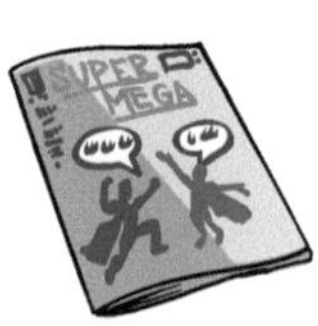

cómic
stripboek

piezas de Lego
legoblokjes

bloques para jugar
blokken

figura de acción
actiefiguur

pijama de una pieza
kruippakje

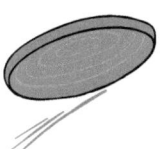

frisbee
frisbee

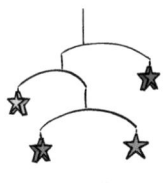

móvil
mobiel

juego de mesa
bordspel

dado
dobbelsteen

tren eléctrico a escala
modelspoorweg

chupete
fopspeen

fiesta
feest

libro de dibujos
prentenboek

pelota
bal

títere
pop

jugar
spelen

arenero
zandbak

columpio
schommel

juguetes
speelgoed

consola de videojuego
spelconsole

triciclo
driewieler

osito de peluche
knuffelbeer

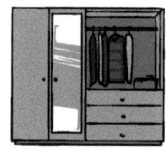

guardarropa
kleerkast

vestimenta
kleding

calcetines
sokken

medias
kousen

panti
maillot

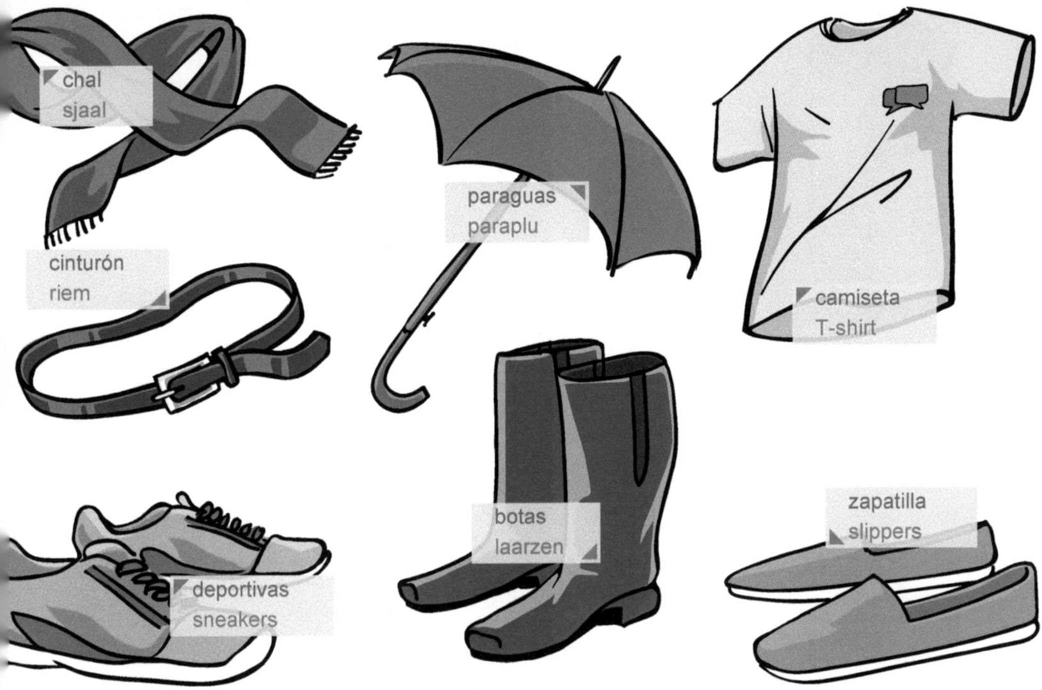

chal
sjaal

cinturón
riem

paraguas
paraplu

camiseta
T-shirt

botas
laarzen

zapatilla
slippers

deportivas
sneakers

sandalias
sandalen

zapatos
schoenen

botas de goma
rubberlaarzen

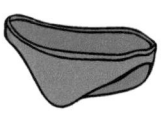
ropa interior
onderbroek

corpiño
beha

camiseta
onderhemd

body
lichaam

pantalón
broek

jeans
jeans

falda
rok

blusa
blouse

camisa
hemd

pullover
trui

sweater
capuchontrui

blazer
blazer

chaqueta
jas

abrigo
jas

impermeable
regenjas

traje chaqueta
kostuum

vestido
jurk

vestido de bodas
trouwjurk

traje

pak

camisón

nachthemd

pijama

pyjama

sari

sari

pañuelo de cabeza

hoofddoek

turbante

tulband

burka

boerka

caftán

kaftan

abaya

abaya

traje de baño

badpak

bañador

zwembroek

shorts

short

chándal

trainingspak

delantal

schort

guante

handschoenen

botón

knoop

gafa

bril

brazalete

armband

cadena

ketting

anillo

ring

aro

oorbel

gorra

pet

percha

kapstok

sombrero

hoed

corbata

das

cierre a cremallera

rits

casco

helm

tiradores

bretellen

uniforme escolar

schooluniform

uniforme

uniform

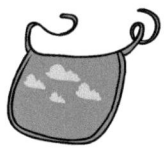

babero

slabbetje

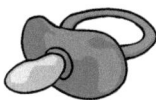

chupete

fopspeen

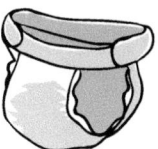

pañal

luier

oficina
kantoor

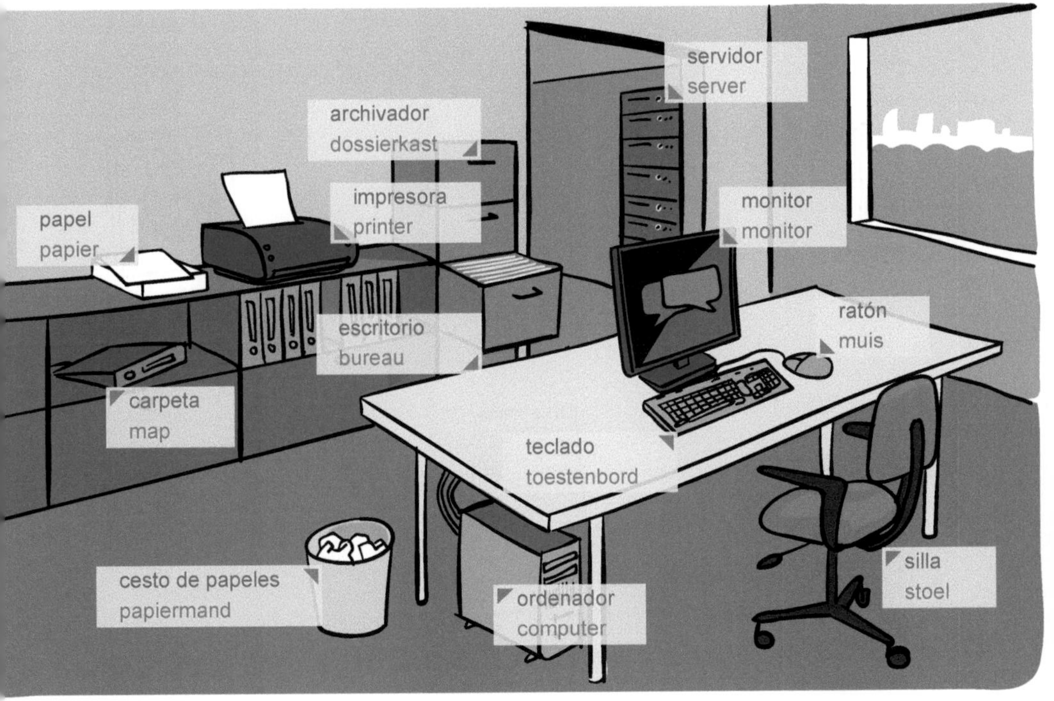

servidor
server
archivador
dossierkast
impresora
printer
papel
papier
monitor
monitor
ratón
muis
escritorio
bureau
carpeta
map
teclado
toestenbord
cesto de papeles
papiermand
ordenador
computer
silla
stoel

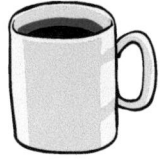

taza de café

koffiemok

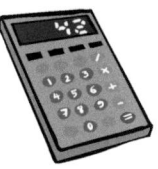

calculadora

rekenmachine

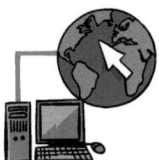

internet

internet

laptop
laptop

carta
brief

mensaje
bericht

teléfono móvil
gsm

red
netwerk

fotocopiadora
kopieerapparaat

software
software

teléfono
telefoon

tomacorriente
stopcontact

máquina de fax
fax

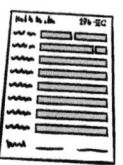

formulario
formulier

documento
document

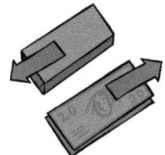

comprar

kopen

pagar

betalen

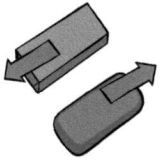

comerciar

handelen

dinero

geld

USD

dólar

dollar

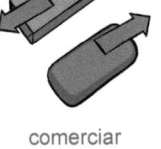

EUR

euro

euro

JPY

yen

yen

RUB

rublo

roebel

CHF

franco

Zwitserse frank

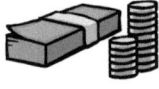

CNY

renminbi

Chinese renminbi

INR

rupia

roepie

cajero automático

geldautomaat

casa de cambio

wisselkantoor

oro

goud

plata

zilver

petróleo

olie

energía

energie

precio

prijs

contrato

contract

impuesto

belasting

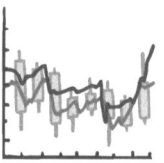

acción

aandeel

trabajar

werken

empleado

werknemer

empleador

werkgever

fábrica

fabriek

negocio

winkel

ocupaciones
beroepen

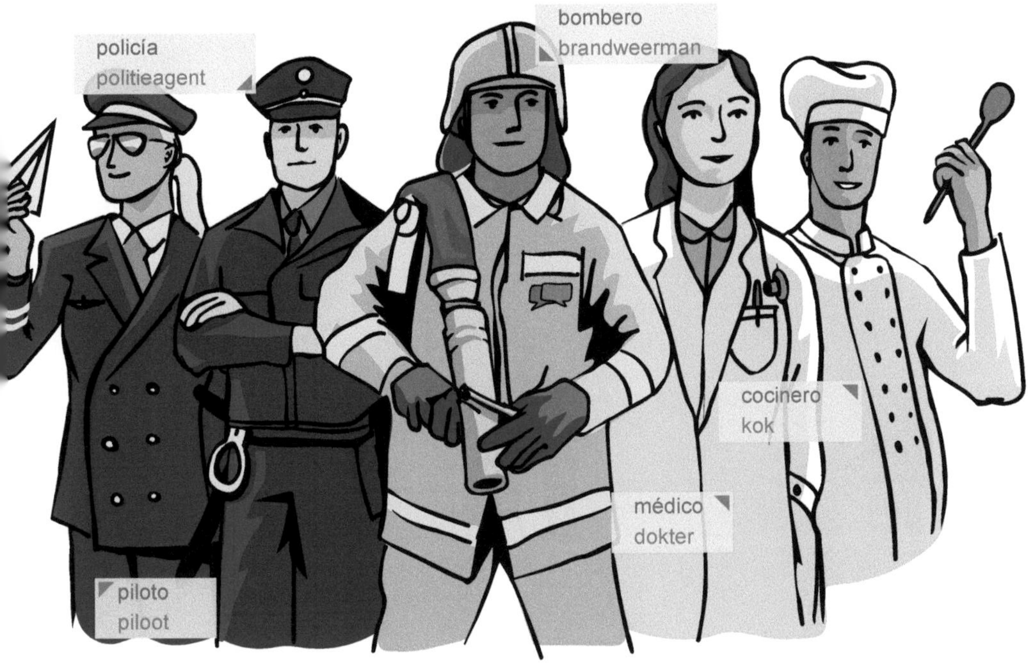
policía
politieagent
bombero
brandweerman
cocinero
kok
médico
dokter
piloto
piloot

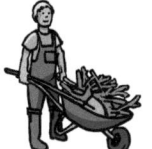

jardinero

tuinman

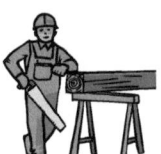

carpintero

timmerman

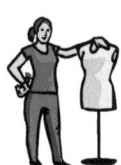

costurera

naaister

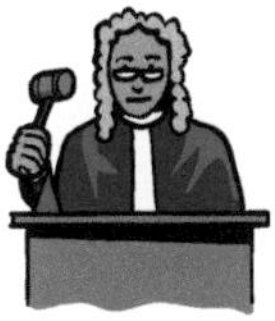

juez

rechter

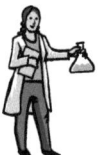

químico

chemicus

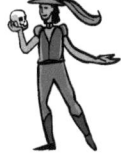

actor

acteur

conductor de autobús

buschauffeur

taxista

taxichauffeur

pescador

visser

mujer de la limpieza

schoonmaakster

techista

dakdekker

camarero

ober

cazador

jager

pintor

schilder

panadero

bakker

electricista

elektricien

albañil

bouwvakker

ingeniero

ingenieur

carnicero

slager

fontanero

loodgieter

cartero

postbode

soldado

soldaat

arquitecto

architect

cajero

kassier

florista

bloemist

peluquero

kapper

cobrador

conducteur

mecánico

mecanicien

capitán

kapitein

odontólogo

tandarts

científico

wetenschapper

rabino

rabbijn

imam

imam

monje

monnik

párroco

geestelijke

herramientas
werktuigen

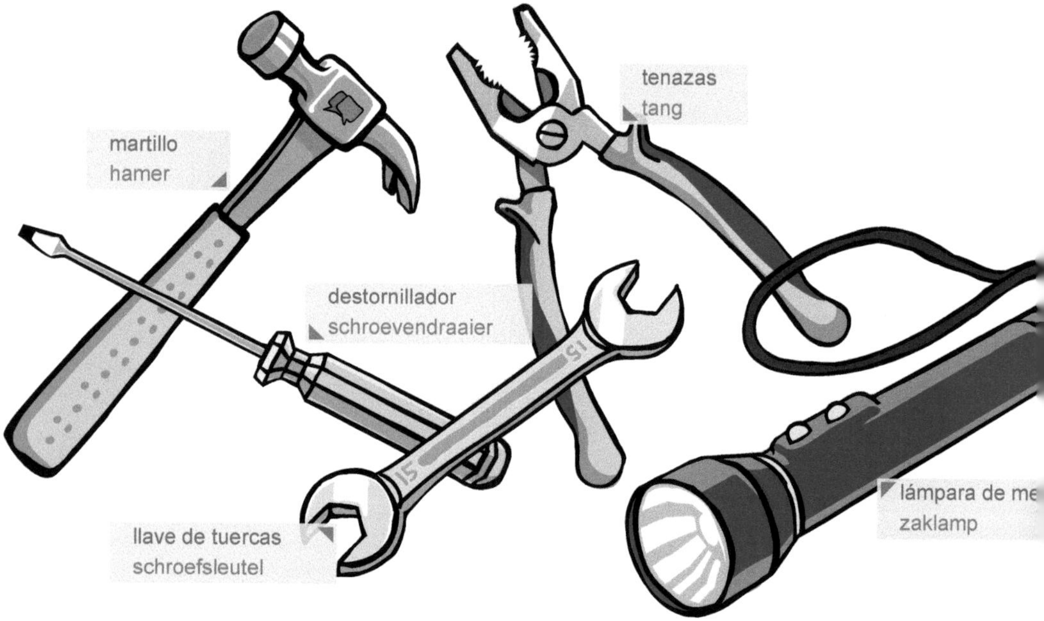

martillo
hamer
tenazas
tang
destornillador
schroevendraaier
llave de tuercas
schroefsleutel
lámpara de me
zaklamp

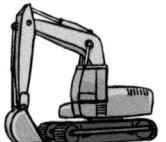

excavadora

graafmachine

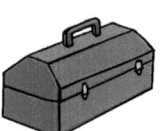

caja de herramientas

gereedschapskoffer

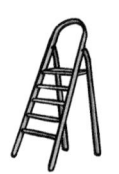

escalerilla

ladder

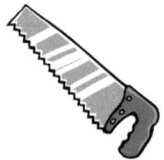

serrucho

zaag

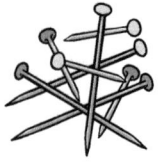

clavos

spijkers

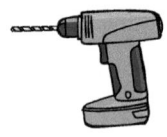

taladro

boormachine

reparar
repareren

pala
schop

¡Maldición!
Verdomme!

recogedor
blik

lata de pintura
verfpot

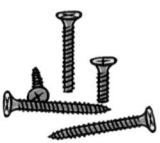

tornillos
schroeven

instrumentos musicales
muziekinstrumenten

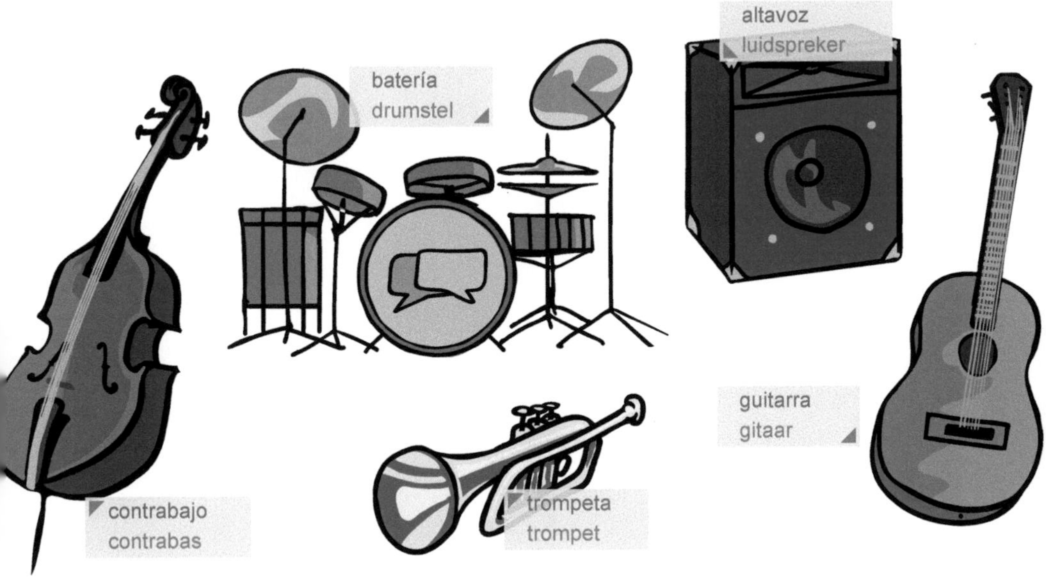

batería
drumstel

altavoz
luidspreker

guitarra
gitaar

contrabajo
contrabas

trompeta
trompet

piano

piano

violín

viool

bajo

basgitaar

timbales

pauk

tambor

trommels

teclado

keyboard

saxofón

saxofoon

flauta

fluit

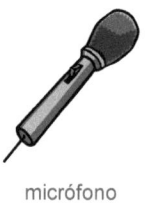

micrófono

microfoon

instrumentos musicales - muziekinstrumenten

entrada
ingang

tigre
tijger

jaula
kooi

cebra
zebra

comida para animales
diereneten

panda
panda

animales
dieren

elefante
olifant

canguro
kangoeroe

rinoceronte
neushoorn

gorila
gorilla

oso
beer

camello

kameel

avestruz

struisvogel

león

leeuw

mono

aap

flamengo

flamingo

papagayo

papegaai

oso polar

ijsbeer

pingüino

pinguïn

tiburón

haai

pavo real

pauw

serpiente

slang

cocodrilo

krokodil

cuidador del zoológico

dierenverzorger

foca

zeehond

jaguar

jaguar

pony
pony

leopardo
luipaard

hipopótamo
nijlpaard

jirafa
giraffe

águila
adelaar

jabalí
wild zwijn

pescado
vis

tortuga
zeeschildpad

morsa
walrus

zorro
vos

gacela
gazelle

fútbol americano
rugby

ciclismo
wielrennen

tenis
tennis

baloncesto
basketbal

natación
zwemmen

boxeo
boksen

hockey sobre hielo
ijshockey

fútbol
voetbal

badminton
badminton

atletismo
atletiek

balonmano
handbal

esquí
skiën

polo
polo

actividades
activiteiten

saltar
springen
abrazar
knuffelen
reír
lachen
caminar
wandelen
cantar
zingen
soñar
dromen
rezar
bidden
besar
kussen

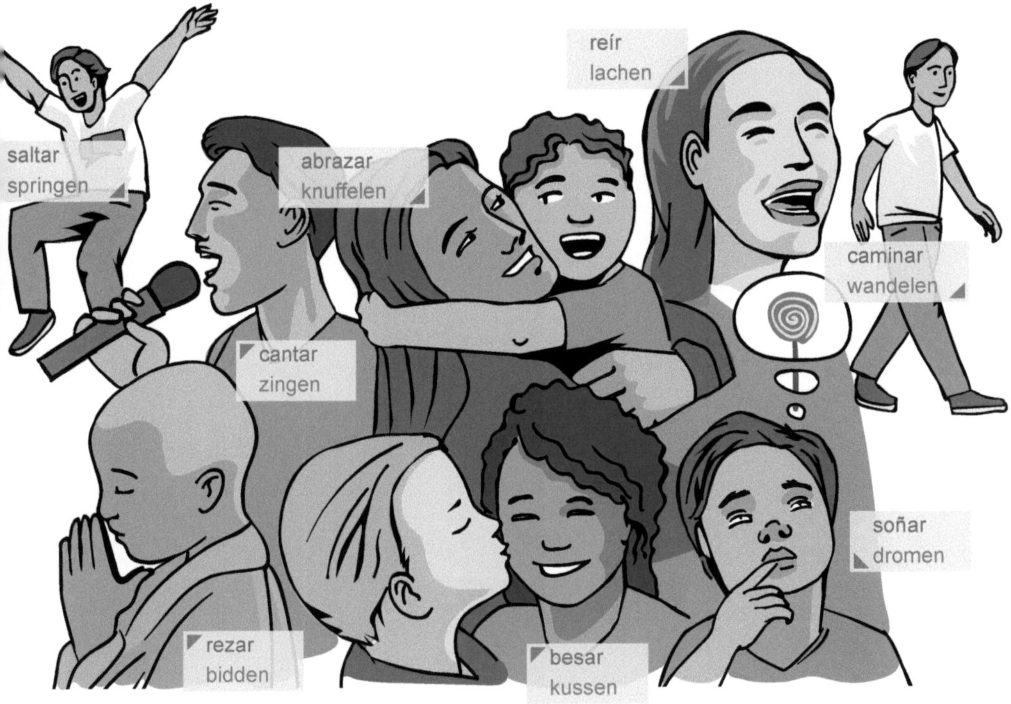

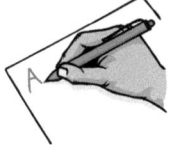

escribir

schrijven

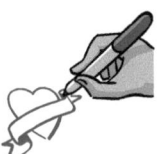

dibujar

tekenen

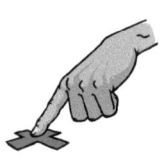

mostrar

tonen

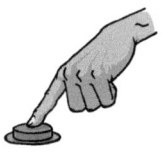

presionar

duwen

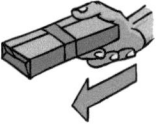

dar

geven

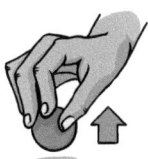

tomar

nemen

tener
hebben

hacer
doen

ser
zijn

estar de pie
staan

correr
lopen

tirar
trekken

arrojar
gooien

caer
vallen

estar acostado
liggen

esperar
wachten

llevar
dragen

estar sentado
zitten

vestirse
aankleden

dormir
slapen

despertar
ontwaken

mirar

kijken naar

llorar

wenen

acariciar

aaien

peinarse

kammen

conversar

praten

entender

begrijpen

preguntar

vragen

oír

luisteren

beber

drinken

comer

eten

asear

opruimen

amar

houden van

cocinar

koken

conducir

rijden

volar

vliegen

navegar

zeilen

calcular

rekenen

leer

Lezen

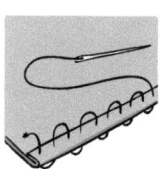

aprender

leren

trabajar

werken

casarse

trouwen

coser

naaien

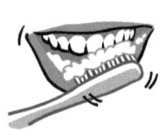

limpiarse los dientes

tandenpoetsen

matar

doden

fumar

roken

enviar

sturen

abuela
grootmoeder

abuelo
grootvader

padre
vader

madre
moeder

bebé
baby

hija
dochter

hijo
zoon

invitado

gast

tía

tante

tío

oom

hermano

broer

hermana

zus

cuerpo
lichaam

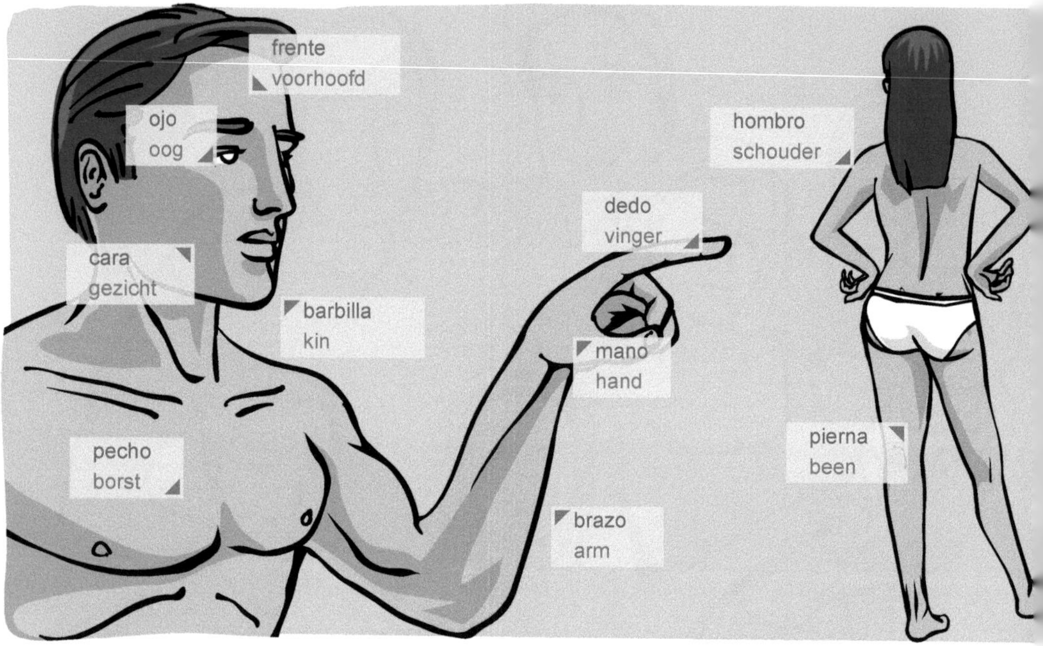

frente
voorhoofd

ojo
oog

hombro
schouder

dedo
vinger

cara
gezicht

barbilla
kin

mano
hand

pecho
borst

pierna
been

brazo
arm

bebé

baby

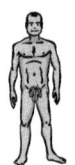

hombre

man

mujer

vrouw

muchacha

meisje

joven

jongen

cabeza

hoofd

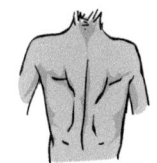

espalda
rug

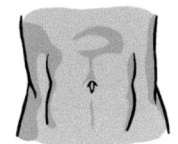

vientre
buik

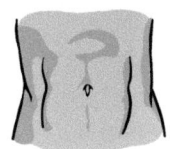

ombligo
navel

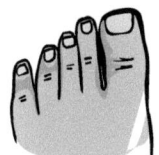

dedo del pie
teen

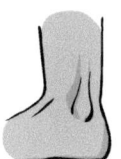

talón
hiel

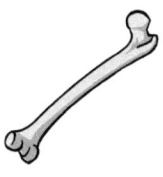

hueso
bot

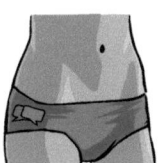

cadera
heup

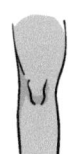

rodilla
knie

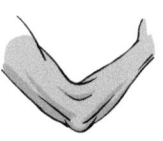

codo
elleboog

nariz
neus

trasero
zitvlak

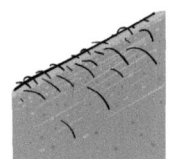

piel
huid

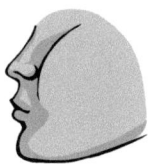

mejilla
wang

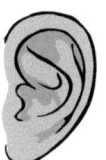

oreja
oor

labio
lip

boca

mond

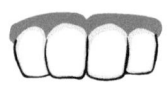

diente

tand

lengua

tong

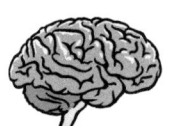

cerebro

hersenen

corazón

hart

músculo

spier

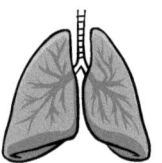

pulmón

long

hígado

lever

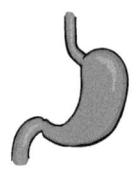

estómago

maag

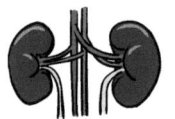

riñones

nieren

relación sexual

seks

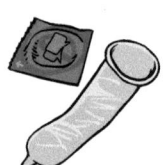

condón

condoom

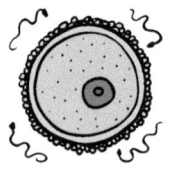

Óvulo

eicel

esperma

sperma

embarazo

zwangerschap

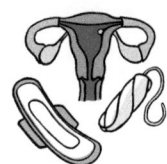

menstruación

menstruatie

vagina

vagina

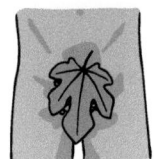

pene

penis

ceja

wenkbrauw

cabello

haar

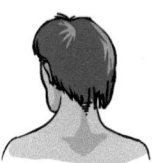

cuello

nek

cuerpo - lichaam

hospital
ziekenhuis

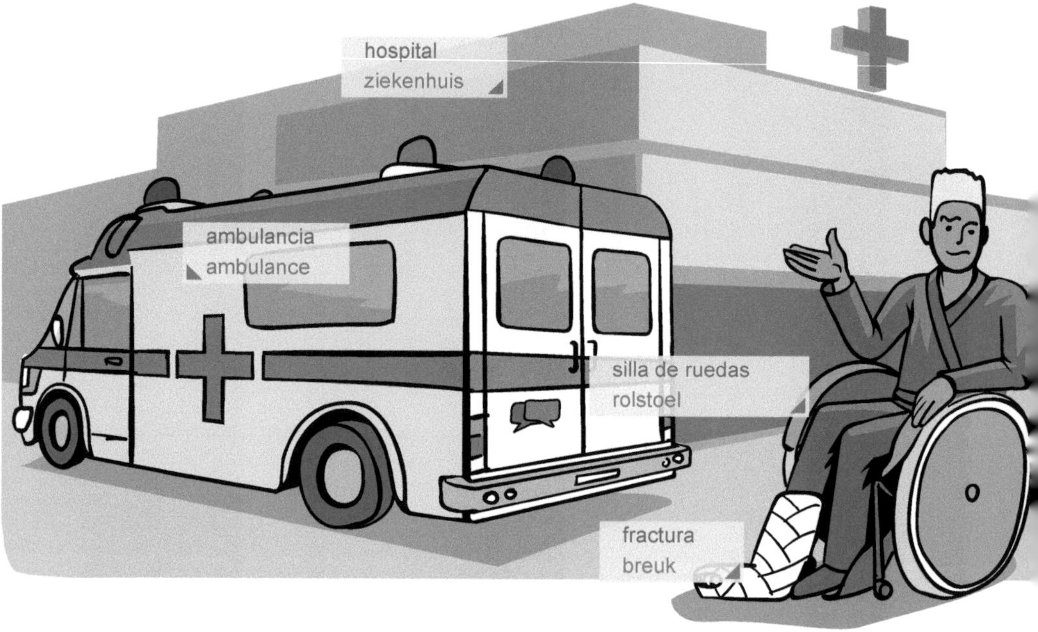

hospital
ziekenhuis
ambulancia
ambulance
silla de ruedas
rolstoel
fractura
breuk

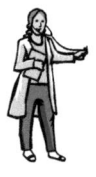

médico

dokter

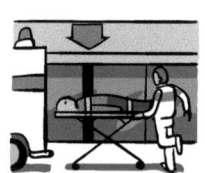

admisión de urgencia

spoed

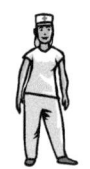

enfermera

verpleegkundige

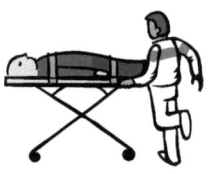

emergencia

noodgeval

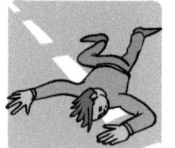

inconsciente

bewusteloos

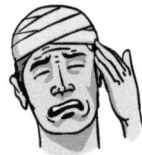

dolor

pijn

lesión
verwonding

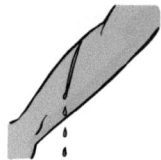

hemorragia
bloeding

infarto de miocardio
hartaanval

apoplejía cerebral
beroerte

alergia
allergie

tos
hoest

fiebre
koorts

gripe
griep

diarrea
diarree

dolor de cabeza
hoofdpijn

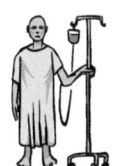

cáncer
kanker

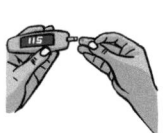

diabetes
diabetes

cirujano
chirurg

escalpelo
scalpel

operación
operatie

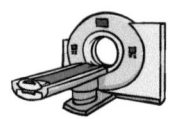

TC
CT

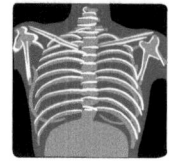

rayos X
röntgenstraal

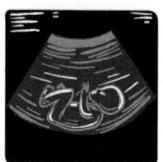

ultrasonido
ultrageluid

máscara
gezichtsmasker

enfermedad
ziekte

sala de espera
wachtkamer

muleta
kruk

emplasto
pleister

vendaje
verband

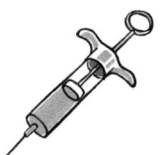

inyección
injectie

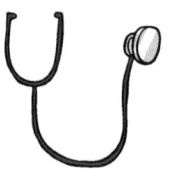

estetoscopio
stethoscoop

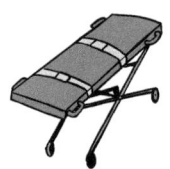

camilla
brancard

termómetro
thermometer

nacimiento
geboorte

sobrepeso
overgewicht

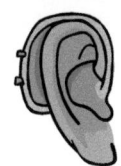

audífono

hoorapparaat

desinfectante

ontsmettingsmiddel

infección

infectie

virus

virus

VIH / SIDA

HIV / AIDS

medicina

medicijn

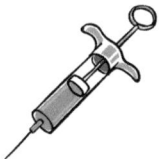

vacunación

vaccinatie

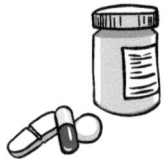

comprimido

tabletten

píldora anticonceptiva

pil

llamada de emergencia

noodoproep

medidor de presión arterial

bloeddrukmeter

enfermo / saludable

ziek / gezond

¡Ayuda!

Help!

alarma

alarm

asalto

overval

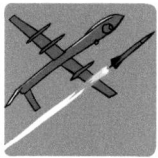

ataque

aanval

peligro

gevaar

salida de emergencia

nooduitgang

¡Fuego!

Brand!

extintor

brandblusser

accidente

ongeval

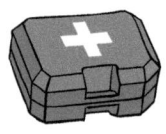

kit de primeros auxilios

EHBO-kit

SOS

SOS

Policía

politie

Europa

Europa

América del Norte

Noord-Amerika

América del Sur

Zuid-Amerika

África

Afrika

Asia

Azië

Australia

Australië

Atlántico

Atlantische Oceaan

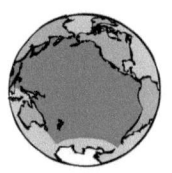

Pacífico

Stille Oceaan

Océano Índico

Indische Oceaan

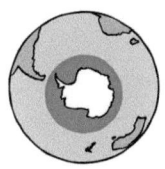

Océano Antártico

Antarctische Oceaan

Océano Ártico

Arctische Oceaan

Polo Norte

Noordpool

Polo Sur

Zuidpool

Antártida

Antarctica

Tierra

aarde

país

land

mar

zee

isla

eiland

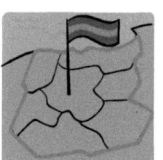

nación

natie

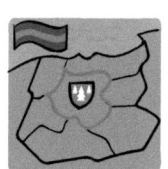

Estado

staat

cuadrante

wijzerplaat

horario

uurwijzer

minutero

minuutwijzer

segundero

secondewijzer

¿Qué hora es?

Hoe laat is het?

día

dag

tiempo

tijd

ahora

nu

reloj digital

digitale horloge

minuto

minuut

hora

uur

semana
week

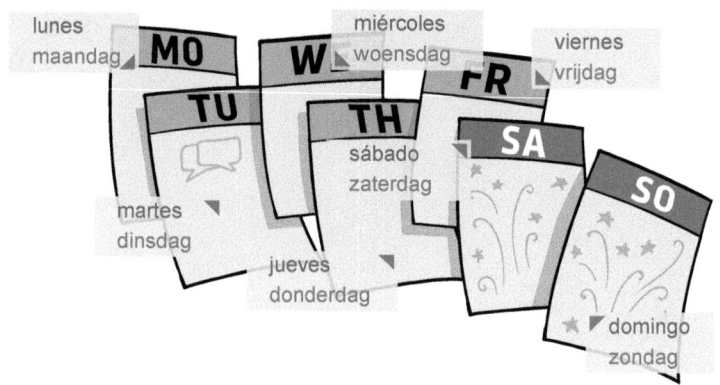

lunes / maandag — **MO**
miércoles / woensdag — **W**
viernes / vrijdag — **FR**
martes / dinsdag — **TU**
sábado / zaterdag — **SA**
jueves / donderdag — **TH**
domingo / zondag — **SO**

ayer
....
gisteren

hoy
....
vandaag

mañana
....
morgen

mañana
....
ochtend

mediodía
....
middag

tarde
....
avond

MO	TU	WE	TH	FR	SA	SU
1	2	3	4	5	6	7
8	9	10	11	12	13	14
15	16	17	18	19	20	21
22	23	24	25	26	27	28
29	30	31	1	2	3	4

jornada de trabajo
....
werkdagen

MO	TU	WE	TH	FR	SA	SU
1	2	3	4	5	6	7
8	9	10	11	12	13	14
15	16	17	18	19	20	21
22	23	24	25	26	27	28
29	30	31	1	2	3	4

fin de semana
....
weekend

año

jaar

lluvia
regen
arco iris
regenboog
nieve
sneeuw
viento
wind
primavera
lente
otoño
herfst
verano
zomer
invierno
winter

4.APRIL 11°
5.APRIL 4°
6.APRIL 13°
7.APRIL 8°
8.APRIL 10°

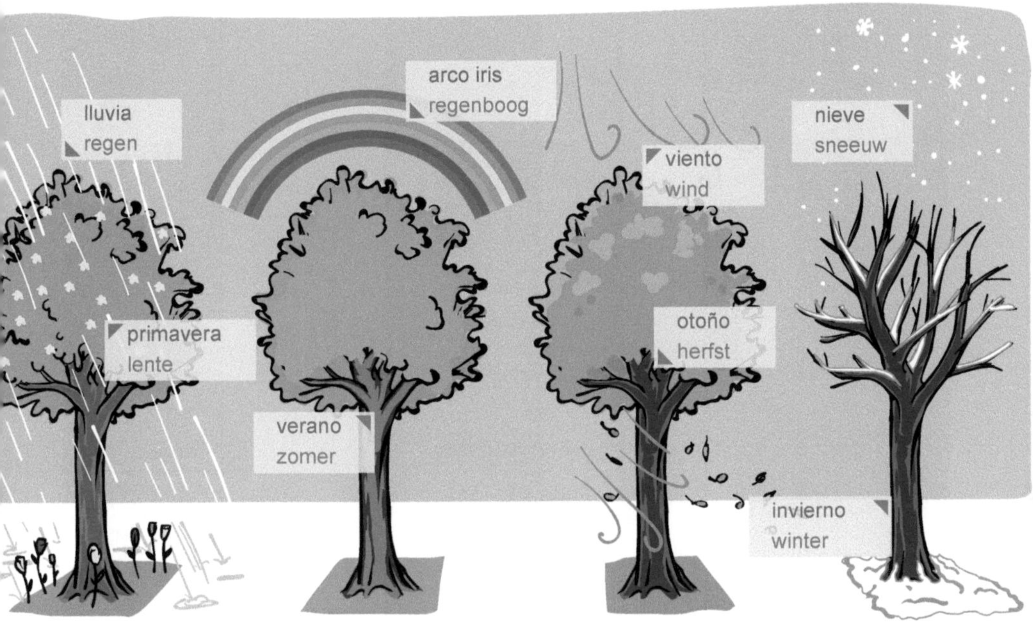

ronóstico meteorológico

weervoorspelling

F C
120 40
90 30
60 20
30 10
0 0
-30 -10
-20

termómetro

thermometer

luz solar

zonneschijn

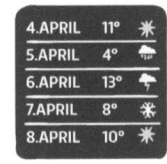

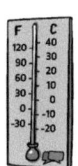

nube

wolk

niebla

mist

humedad ambiente

vochtigheid

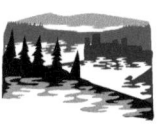

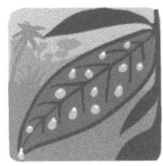

relámpago

bliksem

trueno

donder

tormenta

storm

granizo

hagel

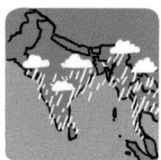

monzón

moesson

inundación

overstroming

hielo

ijs

enero

januari

febrero

februari

marzo

maart

abril

april

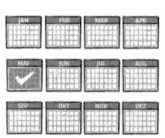

mayo

mei

junio

juni

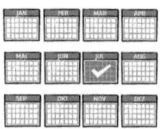

julio

juli

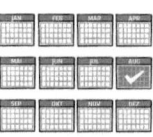

agosto

augustus

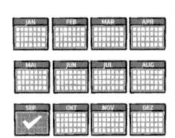

septiembre

september

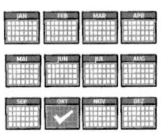

octubre

oktober

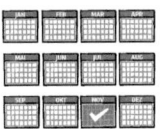

noviembre

november

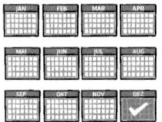

diciembre

december

formas
vormen

círculo

cirkel

cuadrado

kwadraat

rectángulo

rechthoek

triángulo

driehoek

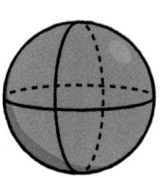

esfera

bol

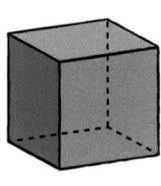

cubo

kubus

blanco

wit

amarillo

geel

anaranjado

oranje

rosa

roze

rojo

rood

lila

paars

azul

blauw

verde

groen

marrón

bruin

gris

grijs

negro

zwart

mucho / poco

veel / weinig

enojado / calmado

boos / kalm

bonito / feo

mooi / lelijk

comienzo / fin

begin / einde

grande / pequeño

groot / klein

claro / oscuro

licht / donker

hermano / hermana

broer / zus

limpio / sucio

proper / vuil

completo / incompleto

volledig / onvolledig

día / noche

dag / nacht

muerto / vivo

dood / levend

ancho / angosto

breed / smal

disfrutable / no disfrutable

eetbaar / oneetbaar

malo / amigable

kwaadaardig / vriendelijk

excitado / aburrido

opgewonden / verveeld

gordo / delgado

dik / dun

primero / último

eerst / laatst

amigo / enemigo

vriend / vijand

lleno / vacío

vol / leeg

duro / suave

hard / zacht

pesado / liviano

zwaar / licht

hambre / sed

honger / dorst

enfermo / saludable

ziek / gezond

ilegal / legal

illegaal / legaal

inteligente / tonto

intelligent / dom

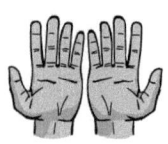

izquierda / derecha

links / rechts

cercano / lejano

dichtbij / veraf

opuestos - tegengestelden

nuevo / usado

nieuw / gebruikt

nada / algo

niets / iets

viejo / joven

oud / jong

encendido / apagado

aan / uit

abierto / cerrado

open / dicht

bajo / fuerte

stil / luid

rico / pobre

rijk / arm

correcto / incorrecto

juist / fout

áspero / liso

ruw / glad

triste / alegre

droevig / blij

breve / extenso

kort / lang

lento / veloz

traag / snel

mojado / seco

nat / droog

caliente / frío

warm / koud

guerra / paz

oorlog / vrede

opuestos - tegengestelden

0

cero

nul

1

uno

één

2

dos

twee

3

tres

drie

4

cuatro

vier

5

cinco

vijf

6

seis

zes

7

siete

zeven

8

ocho

acht

9

nueve

negen

10

diez

tien

11

once

elf

12

doce

twaalf

13

trece

dertien

14

catorce

veertien

15

quince

vijftien

16

dieciséis

zestien

17

diecisiete

zeventien

18

dieciocho

achtien

19

diecinueve

negentien

20

veinte

twintig

100

cien

honderd

1.000

mil

duizend

1.000.000

millón

miljoen

inglés

Engels

inglés estadounidense

Amerikaans Engels

chino mandarín

Chinees (Mandarijn)

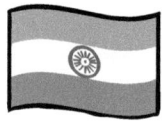

hindi

Hindi

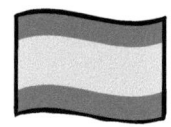

español

Spaans

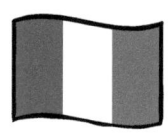

francés

Frans

árabe

Arabisch

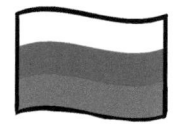

ruso

Russisch

portugués

Portugees

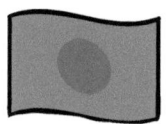

bengalí

Bengali

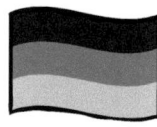

alemán

Duits

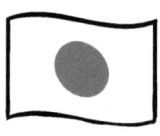

japonés

Japans

yo

ik

tú

u

él / ella

hij / zij / het

nosotros

wij

vosotros

u

ellos

ze

¿quién?

wie?

¿qué?

wat?

¿cómo?

hoe?

¿dónde?

waar?

¿cuándo?

wanneer?

nombre

naam

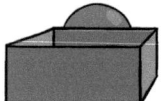

detrás

achter

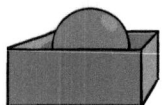

en

in

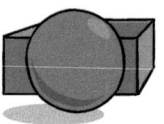

delante de

voor

encima de

boven

sobre

op

debajo de

onder

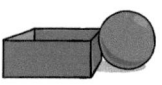

junto a

naast

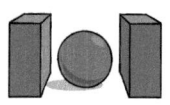

entre

tussen

lugar

plaats